AF405151

PREMIER MÉMOIRE

SUR

L'IMPRESSION EN LETTRES,

SUIVI

DE LA DESCRIPTION

D'UNE NOUVELLE PRESSE

EXÉCUTÉE

POUR LE SERVICE DU ROI;

ET

PUBLIÉE PAR ORDRE DU GOUVERNEMENT,

PAR M. ANISSON le fils, *Directeur de l'Imprimerie Royale,*
en survivance.

A PARIS,

DE L'IMPRIMERIE DE MOUTARD,

Imprimeur-Libraire de la REINE, de MADAME, de Madame
Comtesse D'ARTOIS, & de L'ACADÉMIE ROYALE DES SCIENCES,
rue des Mathurins, hôtel de Cluni.

M. DCC. LXXXV.

PREMIER MÉMOIRE

SUR

L'IMPRESSION EN LETTRES,

SUIVI

DE LA DESCRIPTION

D'UNE NOUVELLE PRESSE.

Lu à l'Académie, le 3 Mars 1783.

L'Art de l'Imprimerie, sans lequel toutes les productions de l'esprit humain périssent, cet Art le plus utile de tous, est encore au berceau : la vérité de cette proposition perce tous les jours à travers les efforts de notre Nation & des Étrangers. Quel qu'en soit l'Auteur, je n'en admire pas moins la profondeur de son génie : il en falloit sans doute bien plus pour créer cet Art, que pour le perfectionner. Mais pourquoi, au milieu du progrès de tous les autres, celui-ci seul resteroit-il en arrière ? Craignons d'être plus long-temps coupables en différant de suivre les traces qui ne nous sont encore qu'indiquées ; & puisque ma Patrie ne peut disputer à d'autres le titre incertain d'avoir donné naissance à cet Art ingénieux, qu'elle ne puisse du moins partager celui de l'avoir, la première, porté au plus haut point de perfection. Je sens tout le fardeau de cette obligation ; mais la faveur qui m'est accordée aujourd'hui me donne le courage de l'entreprendre. Je mettrai sous les yeux de l'Académie le Journal exact de mes opérations ; elle voudra bien m'aider dans mes travaux, rectifier mes erreurs, éclaircir mes doutes, favoriser mes expériences, & me permettre d'en soumettre le résultat à ses lumières.

Examinons donc tout ce qui peut contribuer à la plus grande perfection typographique d'un Livre, telle qu'on la peut concevoir & désirer, & suivons tous les différens degrés de son exécution.

La main-d'œuvre la plus parfaite du Typographe. Sous cette dénomination technique & générale, sont comprises *la forme des lettres, la taille & la trempe des poinçons, la frappe des matrices, leur justification pour la ligne & l'approche, la construction du moule, la précision minutieuse à le remettre ; la fonte des caractères, leur apprêtage ;* la composition, l'imposition, la correction ; le papier, *son apprêt avant & après être imprimé ;* l'encre, & enfin l'impression.

Tous ces différens articles contribuent ensemble & séparément à la perfection de l'Art, & peuvent former chacun la matière d'un Mémoire particulier ; mais celui que je me propose de traiter ici, est *l'impression* envisagée relativement à l'opération de la Presse.

Cet instrument, dont la première invention fait tant d'honneur à son Auteur, est vicieux presque en tous points ;

voilà ce que je me propofe de démontrer. Croiroit-on que la Preffe de nos jours eft encore celle des premiers temps de l'Imprimerie ? Je ne chercherai pas à rappeler la defcription de cette Preffe fi amplement & fi vaguement décrite ailleurs. Lorfque j'ai voulu y puifer les premières notions d'un Art que j'ai depuis fi fort approfondi, je m'attendois à y voir développées les vûes de l'Inventeur, qui n'y font pas même preffenties ; j'y ai cherché en vain l'analyfe des caufes & des effets ; je n'y ai trouvé qu'une defcription purement mécanique, & tout autre que celle qu'on devoit attendre d'un Dictionnaire raifonné des Sciences & des Arts. Je ne parlerai donc de la Preffe ancienne, que lorfque je ferai obligé de comparer les rapports de fes parties avec celles de la mienne, pour rendre raifon de la différence des réfultats, tant du côté de la perfection, que de la promptitude de l'exécution ; effets l'une & l'autre de la conftruction de la Preffe que je vais décrire, & qui eft diamétralement oppofée à l'ancienne dans les chofes effentielles.

Produire l'impreffion qui approche le plus de l'empreinte du poinçon enfumé.

Voilà le problême qui a dû faire l'objet des recherches de tous ceux qui ont approfondi l'Art de l'Imprimerie, non réfolu par un chef-d'œuvre, fruit pénible & peu utile de foins laborieux & du temps. La gloire n'en doit-elle pas plutôt appartenir à celui qui, réuniffant ces mêmes foins, a fu trouver dans le mécanifme de l'inftrument, le moyen de perfectionner la main-d'œuvre, & d'en multiplier les réfultats au point de les mettre à la portée de tout le monde ?

La folution du problême énoncé ci-deffus dépend de la réunion d'une infinité d'objets différens, qui concourroient en vain à la perfection générale, fans la Preffe qui peut feule la produire & l'anéantir. Auffi je me fuis attaché principalement à rendre fon action & fes mouvemens le plus indépendans qu'il m'a été poffible, du maniement déréglé des Ouvriers auxquels elle eft confiée.

La Preſſe qui fait depuis longues années l'objet de mes recherches & de mes travaux, imprime en un ſeul coup. On verra ci-après les différens avantages qui en réſultent, ainſi que les motifs qui ont obligé juſqu'à préſent à partager ſon opération. Mais quoique ce genre de conſtruction, qui auroit dû être celui de la Preſſe, dès ſa première invention, ſoit déjà commun à d'autres pour leſquelles il a été adopté avec ſuccès : celle-ci en diffère principalement par les moyens faciles & précis dont on ſe ſert pour régler la preſſion ; par le paralléliſme exact des pièces qui y concourent ; par l'invariabilité abſolue de la platine ; par la juſteſſe de toutes ſes pièces, dont le mouvement eſt ſi doux, qu'il ne produit aucun bruit ; & enfin par ſa baſe aſſez ſolide, pour n'avoir beſoin d'être ſoutenue par aucun étançon. La Preſſe ordinaire ne peut imprimer le papier dit *carré*, & le *grand raiſin*, qui eſt la grandeur au deſſus, qu'en deux fois ; la mienne imprime le *carré*, le *grand raiſin*, & le *grand Jéſus* en un ſeul coup, avec deux fois moins de force ; de là naît une expédition plus prompte du double, & la peine pour l'Ouvrier deux fois moindre.

L'opération de la Preſſe d'Imprimeur en lettres conſiſte à tranſporter ſous une platine la forme ou châſſis, ainſi que la feuille de papier, & à donner à celle-ci une empreinte égale des caractères compoſés & diſpoſés en pages. Mais la hauteur des lettres ou caractères, ou, en termes de l'Art, ce que nous appellerons dorénavant la *hauteur en papier*, étant ou devant être toujours ſuppoſée uniforme ; il falloit établir un paralléliſme parfait entre les pièces qui concourent à la preſſion que reçoivent ces caractères. Or il n'eſt que trop prouvé que c'eſt par cette baſe fondamentale que pèche la Preſſe ordinaire ; il eſt aiſé d'en juger par l'inſpection de celle qui paſſe pour la plus parfaite, par le vacillement ſenſible de la platine, & enfin par les *hauſſes* inévitées & inévitables ſur le tympan & ſur la friſquette. Ce terme eſt le terme ſacré de l'Art de l'Imprimeur, c'eſt ce qui conſtitue ſon mérite. Tout Preſſier qui ſait bien mettre des hauffes eft habile Ouvrier, & c'eft à peu près à cela que fe réduit l'apprentiffage d'un Art dans lequel on peut apprendre tous les jours. Mettre des hauffes & des fupports, n'eft donc autre chofe que de rétablir d'une manière toujours imparfaite, & à grande perte de temps, le parallélifme entre les pièces comprimantes & comprimées; & s'il y a des Ouvriers qui y réuffiffent, il y auroit cependant de l'injuftice à leur refufer quelque mérite.

D'après ces données, il y avoit deux grandes difficultés à vaincre; conferver toujours un parallélifme parfait, & parer aux inconvéniens du jeu que peuvent acquérir des pièces qui fe frottent & fe compriment fix mille fois par jour.

Je me fuis efforcé, & je crois avoir réuffi à donner à celles-ci la folidité & l'invariabilité que je pouvois défirer; j'en ai trouvé les moyens dans la dureté des matières, dans leur combinaifon, dans la jufteffe & la perfection des pièces, dans leur bonne proportion.

L'objet de ce Mémoire étant de mettre fous les yeux de l'Académie les maux réfultans des parties vicieufes de la Preffe, avec la comparaifon des moyens que j'ai employés pour y remédier, je penfe que ce feroit abufer de l'indulgence & des momens précieux qu'elle veut bien m'accorder, que de détailler ici la defcription de l'un & l'autre inftrument. Je crois pouvoir y fuppléer en parlant feulement des pièces princi-pales, de l'influence qu'elles ont fur la perfection de l'exécution, & de la différence de leur conftruction dans l'une & l'autre Preffe.

Le *Sommier*, l'*Écrou*, la *Vis*, la *Platine*, le *Marbre*, font les pièces effentielles de la Preffe; ce font cependant ces pièces dont la conftruction & les opérations tendent toutes à des réfultats vicieux.

Dans la Preffe ordinaire, la vis qui preffe fur la platine, & celle-ci, qui y eft attachée, font une révolution de dix lignes.

Cette grande révolution y est nécessitée & opérée par l'effet du barreau que l'Ouvrier est obligé d'aller chercher contre la jumelle, où il doit s'en retourner, pour que le coffre puisse s'échapper de dessous la platine, & que le tympan & la frisquette puissent se développer. Or l'Ouvrier, en amenant à lui le barreau, décrit un arc d'environ cent degrés, ce qui par conséquent fait descendre, de dix lignes, la platine, sur laquelle la vis appuie; mais la platine n'est éloignée de dessus la forme, avant l'impression, que de quatorze lignes; & les garnitures du tympan ayant une épaisseur que la pression peut diminuer, mais jamais anéantir, il faut donc que l'excédent de la descente de la vis, nécessitée par la course du barreau, sur l'espace compris entre la platine & la forme, abstraction faite de l'épaisseur irréductible des étoffes, se distribue quelque part, ce qui se fait par la liberté qu'on a dû laisser au sommier ou écrou de la vis de remonter; mais cette liberté a dû être restreinte, sans quoi tout l'effort se feroit porté du côté où la résistance auroit été nulle, & la platine n'auroit pas descendu suffisamment pour imprimer. Pour cet effet, il a fallu contrarier l'ascension du sommier des deux côtés, par des corps élastiques, de la combinaison desquels avec la résistance des garnitures du tympan, il est par conséquent visible que dépend le plus ou le moins de foulage ou d'impression, que la platine exerce sur la forme. Mais ces corps élastiques le sont inégalement; ce sont des morceaux de feuilles de carton ou de chapeau, plus ou moins denses & épais, & qui ne peuvent recevoir ou rendre une résistance égale, que par l'effet du hasard. Premier vice donc de parallélisme dans le sommier, qui faisant incliner la vis, la fait appuyer inégalement sur la platine, change par conséquent le parallélisme de celle-ci , & fait souvent casser ou égrener le pivot. De plus, la tige d'en bas de la vis, qui presse par un pivot très-pointu sur le soi-disant centre de la platine, est fort longue; cette platine, autrefois attachée & maintenue par des cordes, ne l'est encore que par des chaînes ou des crampons; aussi éprouve-t-elle, dans les Presses les mieux faites, une variation sensible au tact & même à l'œil,

&

& d'autant plus forte que nous avons vu ci-deſſus que ſa courſe ou révolution étoit fort étendue, & néceſſitée par celle du barreau. Deuxième vice qui, procurant à la platine un mouvement rétrograde & multiplié, produit ſouvent des lettres doubles & friſées.

Dans ma Preſſe, j'ai évité ces deux inconvéniens, & voici les moyens dont je me ſuis ſervi. J'avois pour donnée indiſpenſable l'arc que doit décrire le barreau, depuis la jumelle d'où il part, pour arriver au point de force de l'Ouvrier, & s'en retourner à la jumelle après la preſſion ; mais cet arc, comme on l'a vu ci-deſſus, faiſant faire à la vis & à la platine une courſe fort étendue, j'avois en même temps une autre donnée abſolument oppoſée, c'étoit de reſtreindre & de déterminer, à peu de choſe près, la deſcente de la platine, à l'étendue néceſſaire pour preſſer ſuffiſamment. Pour y parvenir, j'ai imaginé une vis avec deux pas, l'un en haut & l'autre en bas, inclinés de manière que lorſque la vis deſcend de dix lignes, la platine qui y eſt attachée ne deſcende néanmoins que d'un peu plus de trois lignes ; alors toute la deſcente que j'ai fixée à ma platine, tourne à ma volonté, au profit de la preſſion ; d'autant plus que la platine n'eſt éloignée de la lettre, avant la preſſion, que de l'eſpace néceſſaire pour y introduire le marbre, chargé de ſa forme recouverte du tympan & de ſa friſquette. Dans cette hypothèſe, le ſommier eſt immobile ; car la mobilité du ſommier n'ayant été imaginée que pour faire évanouir l'excédent du foulage ou de la preſſion, que la grande révolution de la vis & de la platine produiſent dans la Preſſe ordinaire, où elles montent & deſcendent de dix lignes ; cette mobilité ne peut avoir lieu ici, où la révolution de la platine eſt déterminée au degré juſte & néceſſaire pour opérer une preſſion ſuffiſante. Pour fixer le ſommier, on introduit dans les mortoiſes des jumelles, des ſemelles de bois qui portent ſur les tenons du ſommier, & ſont eux-mêmes comprimés par la vis d'en-haut. Je me ſuis cependant réſervé la faculté de pouvoir rendre le ſommier mobile, ce

B

qui peut être néceſſaire dans des ouvrages qui exigent plus ou moins de preſſion; mais pour remédier à l'irrégularité de denſité des corps qu'on eſt obligé d'employer, j'ai imaginé deux groſſes vis qui, traverſant les jumelles par le bout d'en-haut, compriment à volonté ces mêmes corps, en graduant leur denſité & réſiſtance à volonté : ainſi le ſommier conſerve toujours le paralléliſme le plus exact; & pour rendre ſes frottemens plus doux, ſes mortoiſes, ainſi que les arraſemens des jumelles, ſont armées de plaques de cuivre & d'acier.

Sommier ou Écrou d'en-haut.

J'ai briſé auſſi en deux parties le ſommier d'en-haut où eſt contenu l'écrou ; ces deux parties s'aſſemblent, ſe lient & ſe reſſerrent par huit gros boulons, pour être aſſuré qu'il ne travaillera pas continuellement comme les autres qui finiſſent ſouvent par ſe gerſer, ſe fendre & s'éclater. C'eſt ainſi que je crois avoir paré aux inconvéniens qui peuvent réſulter du travail du bois, & du jeu qu'occaſionnent les frottemens réitérés.

Écrou d'en-bas.

L'écrou des pas de la vis d'en-bas eſt terminé par une baſe de huit pouces & demi en carré, aux quatre coins de laquelle eſt attachée, par de fortes vis, la platine. J'ai donc une preſſion opérée par une ſurface d'un demi-pied carré, au lieu d'un ſeul point, & il eſt aiſé de juger laquelle doit avoir la préférence. Cet écrou offre extérieurement quatre faces carrées, ſur leſquelles il eſt aſſujetti par une moiſe de bois, armée d'une boîte d'acier, ſur laquelle s'opèrent les frottemens; cette moiſe eſt briſée en deux & ſuſceptible d'être reſſerrée par quatre gros boulons à écrou, à meſure que les frottemens procureroient du jeu; elle butte des deux côtés contre les jumelles, par deux mentonnets dans un ſens, & y eſt aſſujettie dans l'autre par deux clefs. Par ce moyen, j'ai procuré à ma platine une invariabilité abſolue, & ſon paralléliſme, avec celui du ſommier, ſuppoſés parfaits, ne peuvent plus changer.

Il ne ſuffiſoit pas de proſcrire les hauſſes dont on a vu ci-deſſus l'uſage & les inconvéniens; il falloit encore bannir les fupports, autre pratique non moins vicieufe. Elle a toujours pour bafe le parallélifme imparfait des pièces comprimées & comprimantes ; mais même, en fuppofant ces parties auffi parfaitement parallèles qu'on le peut défirer, les fupports ont encore pour objet de diminuer le foulage exceffif des lettres ifolées, & de remédier au porte-à-faux de la platine ; telles font les bordures des pages, les *folio*, *fignatures*, *réclames*, *titres courans*, &c. Ce point de difficulté eft la pierre de touche qui fert à juger du talent de l'Ouvrier ; c'eft cette grande difficulté qui jufqu'ici n'a été vaincue, exclufi— vement à tous autres, que par le feul & célèbre Artifte de *Birmingham;* les autres, ceux mêmes qui tout récemment fe font diftingués par leurs efforts dans l'Art de l'Imprimerie, ont tous échoué à cet écueil. Les caractères ont fur les garnitures qui les contiennent, une faillie fuffifante, pour que l'encre dont on les empreint n'en touche que l'œil ; cette faillie, d'environ deux lignes, a lieu dans les bordures des pages, dans les *alinea*, & dans tous les endroits où il y a des blancs. Jufqu'ici on n'eft parvenu à remédier qu'à quelques-uns de ces défauts les plus apparens, & l'on en a cherché les moyens dans des fupports que l'on a appliqués à la frifquette, aux endroits qui correfpondent aux vides : on en voit fouvent des traces trop apparentes dans le bas des pages.

Le moyen que j'ai employé eft bien fimple, & j'en ai obtenu le fuccès le plus complet ; ma frifquette porte, à peu de chofe près, l'épaiffeur du vide que produit la faillie des caractères, & j'ai eu foin de rendre cette faillie uniforme, en réduifant à une hauteur égale, les garnitures, efpaces & quadrats employés pour les blancs. Par ce moyen, tout ce qui eft vide eft rempli pendant la preffion, & ce qui eft plus élevé eft foutenu affez modérément pour donner lieu à tout le foulage que l'on peut défirer.

Le coffre des Preffes ordinaires n'eft autre chofe qu'un *marbre* de pierre enchâffé dans un cadre de bois ; à ce coffre font adaptés huit, quelquefois dix crampons de cuivre, qui

par leurs degrés différens de dureté, par leur épaiſſeur différente, ou n'ont jamais porté également, ou ceſſent bientôt
de frotter à meſure qu'ils s'uſent; ces crampons gliſſent ſur
deux tringles de fer poli, en dos d'âne; le tout roule aſſez
légèrement, ce que l'on ne peut attribuer qu'à la légèreté
du coffre, dont les matières & la conſtruction, en ſoulageant
l'Ouvrier, tournent au détriment de l'ouvrage. Mon coffre
eſt compoſé d'un marbre de cuivre de dix lignes d'épaiſſeur,
enchâſſé dans un châſſis de fer de vingt-ſix lignes de large.
Au châſſis ſont adaptées trois bandes de cuivre recroui,
dans leſquelles ſont évidées trois portées pointues de neuf
lignes de long, ce qui fait neuf points de frottement diſpoſés
en cône évidé, & qui gliſſent dans trois barres d'acier, qui
ont la même forme en creux; mais de manière que les frottemens ne s'opèrent que dans le fond & nullement ſur les parties
latérales. Les tringles d'acier ſont enchâſſées & portées dans
de fortes traverſes de bois de toute leur longueur, qui ſont
elles-mêmes unies par une autre traverſe, en ſens contraire, &
ſoutenues au centre & à une extrémité, par de fortes colonnes,
& de l'autre bout ſur la plate-forme.

FAUX TYMPAN.   Les tympans ſont ordinairement revêtus d'un parchemin
collé, & ſervent à toute ſorte d'ouvrages, juſqu'à ce que la
vétuſté les faſſe ſupprimer; mais cette pratique eſt vicieuſe,
en ce que les pages & les lettres y font bientôt une telle
impreſſion, qu'on eſt obligé, lorſque l'on change de forme,
d'en faire diſparoître ce que les Ouvriers appellent le foulage.
Pour y parvenir, on l'humecte juſqu'à ce qu'il redevienne
uni; auſſi conſerve-t-il long-temps une fraîcheur exceſſive qu'il
communique au papier, & il lui fait recevoir une teinte trop
forte, diſproportionnée avec celle de la veille; autre cauſe
d'inégalité dans la teinte. Pour y remédier, j'ai imaginé un cadre
d'une épaiſſeur égale à une friſquette mince; je le recouvre d'un
vélin, & je le rends adhérent au cadre du tympan, par les
mêmes boulons & vis qui lui ſont néceſſaires, & qui les
traverſent tous deux. Lorſque le foulage eſt trop fort, il eſt

facile d'en changer, en ayant multiplié le nombre, ainsi que celui des frisquettes.

Il ne me reste plus à parler que du grand tympan, qui *GRAND TYMPAN.* ne diffère des autres que par sa charnière d'une seule pièce, prolongée d'un bout à l'autre dans la longueur de vingt-trois pouces. Tous les charnons en ont été pris dans la masse, & forés comme un canon de fusil ; par ce moyen, le tympan n'éprouve aucune espèce de variation. Il est facile de s'en convaincre par l'expérience d'une même feuille, tirée plusieurs fois de suite impunément ; tandis que sur les autres Presses, la même feuille ne peut pas être imprimée une seconde fois sans doubler. Une telle expérience prouve tellement la justesse de l'instrument, que pour en obtenir le succès, il faut que neuf à dix mille lettres se trouvent rigoureusement recouvrir chacune son empreinte. Cette expérience, que je me propose de faire sous les yeux des Commissaires que l'Académie voudra bien nommer, est un défi que je ne crains pas de proposer à toutes les Presses d'Imprimerie qui existent en ce moment.

La charnière décrite précédemment est assujettie au coffre *LA CHARNIÈRE.* par cinq boulons, à l'aide desquels je me suis ménagé la possibilité de la remonter ou de la descendre de deux lignes, n'ayant pas été certain que la situation où elle est fixée dans les autres Presses fût la meilleure. Dans celles-ci, les charnières du tympan sont engagées dans les cornières du coffre, ou même en font tellement partie, qu'elles entraînent leur destruction si on veut y changer quelque chose.

Je finirai en mettant sous les yeux de l'Académie les premiers essais de cet instrument, exécutés sur ce même papier vélin de France, qui lui a été présenté il y a quelque temps par le sieur Réveillon, & dont on doit la seule & première invention à ses soins & à son intelligence. J'espère qu'elle voudra bien les accueillir avec indulgence, en faveur des efforts que j'ai faits pour mériter son suffrage. Le succès de cet

effai, qui a prefque entièrement répondu à mon attente, me
laiffe encore, entre autres, à défirer la perfection de l'encre;
fa compofition étant bien moins du reffort de la partie des
Sciences à laquelle je me fuis appliqué, je fupplie l'Académie
de vouloir bien venir à mon fecours pour cet objet, en
recommandant à ceux de fes Membres qui s'occupent de
la Chimie, la recherche d'une encre dont je donnerai les
conditions, telle enfin que je la défire, & telle que l'ont
employée autrefois les Aldes, les Badius, les Étiennes, & plus
récemment les Foulis de Glafcow.

Telle eft la Preffe dont je m'occupe depuis fi long-temps,
& dont je ne dois le fuccès qu'à beaucoup de travaux,
d'erreurs & de dépenfes. Si la defcription que je viens d'en
préfenter à l'Académie a pu l'intéreffer, je défire qu'elle
veuille bien nommer des Commiffaires, qui, après l'avoir
examinée, puiffent lui en rendre compte. Son fuffrage ne
contribuera certainement pas peu à déterminer à ordonner
d'en conftruire de pareilles; alors les feules Preffes du Louvre
cefferont de *gémir;* cette expreffion figurée de notre langue,
deviendra bientôt auffi caduque que l'objet qui lui a donné
naiffance; & je m'applaudis d'avance que la confiance dont le
Roi & le Miniftre m'honorent, me mette à portée d'en confacrer
les premiers travaux à propager & perpétuer plus dignement
les véritables monumens des Sciences,

EXTRAIT DU RAPPORT fait à l'Académie Royale des Sciences, le 17 Mai 1783.

M. le Préſident de Saron, M. le Duc de la Rochefoucauld, & MM. de Fouchy, le Roy, l'Abbé Rochon & Deſmareſt, nommés par l'Académie Royale des Sciences, pour examiner la nouvelle Preſſe qui lui a été préſentée par M. Aniſſon le fils, Directeur de l'Imprimerie Royale, ont jugé que cet inſtrument mérite ſes éloges & ſon approbation, comme contribuant par des moyens nouveaux & ingénieux, à perfectionner l'Imprimerie.

Ces moyens ſont :

1.° Le ſyſtème ſuivi dans la conſtruction du ſommier & de l'écrou qu'il porte. Par cette conſtruction, la vis de la nouvelle Preſſe peut prendre & conſerver une ſituation verticale, conſtamment la même pendant ſa révolution.

2.° La vis qui, au lieu de ſe terminer en pointe par la partie inférieure, y porte des pas à trois filets, qui jouent dans un écrou fixé à la platine.

3.° La moiſe qui, s'oppoſant à tout déplacement latéral de la platine, dirige & maintient ſon mouvement dans la ligne verticale.

4.° Et c'eſt ici un des points de réforme qui paroît le plus important aux Commiſſaires, les vis & les ſupports, élaſtiques ou durs, qui aſſujettiſſent le ſommier, en règlent les effets à volonté, & par conſéquent conſervent toujours très-exactement ſon paralléliſme, lorſqu'il deſcend & qu'il remonte.

5.° (Sans s'arrêter aux avantages qui peuvent naître, ſoit de la forme ou de la matière du marbre & de ſon châſſis, ſoit de la manière dont ils roulent), la ſtabilité du plan ſur lequel poſe le coffre au moment de la preſſion, & dont l'aſſiette eſt invariable ſous l'effort de la platine.

6.° La diſpoſition particulière du tympan, par laquelle on s'eſt ménagé la facilité d'en faire diſparoître le foulage ſans aucune perte de temps.

7.° Celle de la frifquette qui remplit l'efpace des garnitures de la forme, de manière que la feuille de papier qu'on imprime foit foutenue également par-tout.

En expofant dans le plus grand détail ces différens moyens, les Commiffaires en font continuellement la comparaifon avec ceux qui les remplacent dans les anciennes Preffes; il montrent tous les défauts de ces derniers, ainfi que l'impoffibilité d'obtenir, en s'en fervant, une impreffion parfaite. Ils terminent cette comparaifon par celle des réfultats que leur ont donnés quelques effais faits avec l'un & l'autre inftrument. Si l'on réimprime avec les Preffes ordinaires, une feuille qu'on vient d'imprimer, fans la détacher du tympan, les lettres font doublées. Avec la nouvelle Preffe, on a réimprimé la même feuille jufqu'à cinq & fix fois, fans que les lettres aient doublé. Il faut remarquer qu'à chaque fois qu'on a réitéré l'impreffion, on a fait aller & venir le coffre; on a déployé & reployé le tympan & la frifquette, pour examiner l'effet de chaque coup de Preffe; enfin on a encré. On a fait plus encore : pour s'affurer que la platine preffoit également dans toutes fes parties, & confervoit fon parallélifme malgré le porte-à-faux que caufe l'incomplet des pages de la forme, on a placé fur le marbre fucceffivement à différens points, des paquets de compofition, qui ne renfermoient que l'étendue d'une page; & on les a placés de manière qu'ils répondiffent à différens angles de la platine; or dans toutes les pofitions qu'elles ont occupées fur le marbre, l'impreffion de ces pages s'eft également bien faite, tant le parallélifme de la platine avec le marbre eft invariablement maintenu.

Les Commiffaires apprécient enfin l'avantage de la nouvelle Preffe fur l'ancienne, quant à la célérité du travail : il en réfulte qu'il eft certain que la manœuvre fe trouve abrégée de moitié dans la nouvelle Preffe.

Je fouffigné certifie le préfent Extrait du rapport, conforme à l'original & au jugement de l'Académie. A Paris, le vingt-un Octobre mil fept cent quatre-vingt-trois.

Signé LE M.^{quis} DE CONDORCET, *Secrétaire perpétuel.*

AVERTISSEMENT,

AVERTISSEMENT.

LES expériences faites en préſence des Commiſſaires nommés par l'Académie Royale des Sciences, & conſignées dans le rapport qui lui en a été fait le 17 Mai 1783, ont prouvé que cette Preſſe eſt plus expéditive d'un quart que les autres, en rendant en même-temps la main-d'œuvre moins pénible, & qu'elle procure à ſes ouvrages un degré de perfection, indépendant du talent des Ouvriers.

D'après ces conſidérations, le Gouvernement s'eſt déterminé à faire publier une Deſcription exacte & détaillée de cette machine, dont le ſuccès étoit déjà aſſuré, par les expériences réitérées depuis pluſieurs années à l'Imprimerie Royale ; pour en faciliter la conſtruction aux gens de l'Art, & leur faire trouver dans la ſimplification des procédés, les moyens d'en mettre les réſultats à la portée de tout le monde.

C

Pour donner une Defcription exacte de toutes fes parties, on a cru devoir la rendre comparative & contradictoire avec celle de l'ancienne Preffe, dans tous les points où elles peuvent différer entre elles ; & rendre compte à mefure, de la différence des moyens & des réfultats.

DESCRIPTION

OU

TABLEAU COMPARATIF

DES DIFFÉRENTES PIÈCES

DE LA NOUVELLE PRESSE,

AVEC CELLES DES ANCIENNES.

NOUVELLE PRESSE.

LE CHAPITEAU, indépendamment de la grace qu'il procure à la Presse en la couronnant, sert encore à lier & assembler les jumelles.

LES JUMELLES, d'une construction beaucoup plus forte, sont unies dans leur longueur par de fortes vis aux pièces *SS*, *FF*, *HH*, *NN*, *OO*. Les mortoises qui reçoivent les tenons du sommier sont armées en cuivre, & leurs surfaces extérieures, sur lesquelles doivent frotter les mentonnets du sommier pendant sa course, sont aussi armées de plaques de cuivre; celles-ci sont liées aux premières par des boulons ou vis à têtes fraizées & perdues; & de là il résulte que le sommier, dont toutes les parties correspondantes sont garnies d'acier, opere, sur & dedans les ju-

ANCIENNES PRESSES.

LE CHAPITEAU, dans presque toutes les Presses, ou n'existe pas, ou n'est qu'une planche clouée sur le haut de chaque jumelle, & ne sert que d'objet de décoration.

LES JUMELLES sont deux pièces de bois souvent mal écarries, qui n'ont d'autre union que celle que peuvent leur procurer deux seules traverses, qui n'y tenant que par leurs tenons, les emmanchent plus ou moins solidement; aussi sont-elles fortement étançonnées au plafond par des tringles de fer. Les mortoises qui reçoivent le sommier étant simplement formées & entaillées dans l'épaisseur, on voit fréquemment les bois se renfler ou se retirer, contraindre le sommier d'un côté & de l'autre, ou lui procurer beaucoup de jeu : il est aisé de comprendre les effets vicieux qui doivent

NOUVELLE PRESSE.

melles, un frottement fort doux , & qui ne peut jamais être contrarié par le gonflement des bois, auquel on a paré par ces mêmes précautions.

Elles font assemblées par en-bas dans des patins de 3 pieds de long fur 1 pied de large , & 6 pouces d'épaisseur : ces patins font unis l'un à l'autre par deux traverses. Cet assemblage eft encore fortifié par deux boulons qui lient ensemble les jumelles, les patins, & les traverses de devant & de derrière. Les Jumelles font ainfi assifes fur une bafe de près de 8 ½ pieds carrés, ce qui, joint à la masse des autres parties de la Presse, dispense de tout étançon.

LES DEUX VIS DE PRESSION DES JUMELLES. Ces pièces font ici d'une invention absolument nouvelle; elles ont 1 pied de long, & 18 lignes de diamètre : elles traversent le bout des jumelles pour entrer dans leur écrou, & descendre jufque fur les garnitures du fommier. Leur ufage eft de conferver toujours le parallélifme de cette pièce , en comprimant fes garnitures, qui étant des corps plus ou moins élaftiques, offrent une réfiftance inégale de chaque côté ; de façon que pour charger également le fommier, il n'y a qu'à faire descendre ou remonter les vis : c'est ainfi que l'on remédie à l'irrégularité inévitable des étoffes, avec lesquelles on eft obligé de contraindre l'afcenfion du fommier , comme on le verra ci-après.

L'ENCRIER eft taillé dans la masse d'un bloc de marbre noir de 18 pouces de long fur 17 pouces de large , & de

ANCIENNES PRESSES.

en réfulter, puifque c'eft dans ce même fommier ainfi contraint & qui ne peut plus être parallèle à la platine , que passe la vis ; celle-ci ceffe d'être verticale, & c'eft le principe de tous les vices que l'impreffion peut éprouver.

Les jumelles les plus folides font assemblées dans des patins de 21 pouces de long fur 6 pouces de large & 3 pouces ½ d'épaisseur, deftitués de traverses qui les uniffent : elles préfentent une masse fi chancelante, qu'on eft obligé de les assujétir par bas au plancher, & de les étayer au plafond par des étançons multipliés & par des barres de fer.

L'ENCRIER eft une assemblage de quatre planches de chêne, fur lesquelles l'encre fe broye avec un broyon de

Nouvelle Presse.

6 pouces d'épaiſſeur; ſon broyon eſt de la même matière. Cette piece a ſur les autres, l'avantage qu'on peut y broyer l'encre beaucoup plus parfaitement ſans craindre le mélange d'aucun corps étranger; elle eſt recouverte d'un couvercle en carton, qui l'enveloppe en entier, ſans cependant en ſuſpendre l'uſage.

Le Sommier, partagé en deux dans ſa longueur, reçoit l'écrou, qui porte en-deſſous deux oreilles pour ſervir à déterminer ſon aplomb dans le ſommier: deux boulons traverſent ces deux oreilles, le ſommier, & une autre plaque de cuivre qui le recouvre & ſur laquelle on les ſerre à meſure que le bois ſe comprime. Les deux parties du ſommier ſont réunies enſemble par huit fort boulons, qui portent chacun leur rondelle de cuivre; les quatre du milieu ſervent à ſerrer & maintenir l'écrou; ceux des extrémités compriment les mentonnets contre les jumelles, & contribuent à rendre le ſommier fixe à volonté: ſes tenons ſont armés en dedans & en dehors de plaques d'acier, liées entre elles par des boulons à têtes fraizées & perdues; & pour s'aſſurer davantage de la juſteſſe des frottemens, on a, pendant un long eſpace de temps, rodé & uſé à l'éméri cette pièce, ſur toutes les parties qui éprouvent le contact des jumelles.

En partageant le ſommier en deux parties, on eſt parvenu à obvier aux inconvéniens que peut produire, en ſe déjetant, une pièce de bois auſſi forte,

Anciennes Presses.

bois. Il s'en faut de beaucoup que l'objet utile qui devroit réſulter de cette opération, ſoit rempli: l'encre, loin de ſe broyer, pénètre bientôt les pores du bois, & en détache des parcelles que les balles enlèvent & que les caractères ne tardent pas à recevoir. La plupart des encriers, ou ne ſont couverts en aucun temps, ou ont des couvercles dont la conſtruction ne permet pas l'uſage pendant le travail.

Le Sommier eſt une pièce de bois d'un ſeul morceau, qui renferme l'écrou de la vis; elle entre de chaque côté dans les entailles des jumelles, & eſt le plus ordinairement maintenue ſur chaque partie latérale par des mentonnets pris dans la maſſe: cette pièce eſt deſtinée, à chaque coup de preſſion, à remonter & deſcendre le long des jumelles. Pour opérer la preſſion, & pour régler ce qu'on appelle *le coup* de l'Ouvrier, c'eſt-à-dire, déterminer l'arc qu'il doit décrire en amenant à lui le barreau, il a fallu contraindre l'aſcenſion du ſommier par des garnitures de feutres, cartons ou autres corps élaſtiques; mais, comme on l'a vu précédemment, ces corps plus ou moins denſes & épais, ne peuvent recevoir ou produire une réſiſtance égale que par l'effet du haſard: le ſommier eſt donc très-éloigné de conſerver le parallélifme parfait qu'il ne devroit jamais perdre, & qui ſuppoſe que les tenons en aient, lors de ſa conſtruction, été proportionnés avec juſteſſe aux mortoiſes des jumelles, ce qui arrive très-rarement: le renflement des bois de part ou d'autre, le contraint bientôt d'un côté;

NOUVELLE PRESSE.	ANCIENNES PRESSES.

& qui finit prefque toujours par fe gercer, fe fendre & s'éclater.

il acquiert du jeu d'un autre; au point, que l'on voit des fommiers remonter & defcendre fenfiblement de travers en plufieurs temps. Le plus fouvent, les Ouvriers qui n'ont d'autre moyen de le charger ou de le comprimer, que de diminuer d'un côté les garnitures, ou d'en introduire avec peine de nouvelles de l'autre, laiffent le fommier dans cet état de délabrement, ou tâchent d'y remédier par des cales qu'ils introduifent avec force dans les entailles. Le fommier eft donc très-éloigné d'être parallèle à la platine : la vis n'eft plus verticale, la preffion s'opère inégalement, & il ne faut atribuer qu'à cela l'égrènement du pivot de la vis.

L'ÉCROU D'EN-HAUT eft une maffe de cuivre de laiton fuffifamment rendurci, dans laquelle on a taraudé les pas d'en-haut de la vis : ces pas font très-exactement les mêmes que ceux de la vis, fur laquelle ils ont été taraudés, par le moyen d'un tarau ou fauffe vis qui avoit été elle-même coupée fur le tour d'après ceux de la vis. Il en eft réfulté que l'intérieur de cet écrou offre dés pas vifs, nets & fans foufflure. Lorfque la vis y eft introduite, elle n'y a dé jeu que ce qui eft néceffaire pour y faire fa révolution : par ce moyen on a obtenu encore plus de jufteffe qu'avec un écrou fondu fur la vis, & on a évité les parties vitrifiées de la fonte, qui la détruifent fouvent elle-même en peu de temps.

L'inclinaifon des pas de cet écrou eft à peu-près la même qu'aux écrous ordinaires ; il feroit facile d'arriver au

L'ÉCROU eft une portion de matière aigre, mêlée fouvent de potin, fondue fur la vis, & qui en eft dévêtie à grands coups de maffe ; de là, il réfulte qu'étant impoffible de lui reftituer la même rondeur que le dévêtiffement lui a néceffairement ôtée, la vis ceffe de toucher dans tous les points les pas de l'écrou, elle y acquiert des mouvemens irréguliers, elle ufe inégalement l'écrou; & celui-ci, qui retient toujours de la fonte dés parties vitrifiées, mange lui-même les pas de la vis : cet écrou eft le plus fouvent placé dans le fommier avec trop peu de précaution, pour en affurer la fituation verticale ; alors la vis ceffe elle-même d'être perpendiculaire au fommier, la preffion devient inégale, le pivot caffe, & il en réfulte les ravages que l'on verra ci-après.

NOUVELLE PRESSE.   ANCIENNES PRESSES.

même but, par une inclinaison plus ou moins grande des pas d'en-haut de la vis ; mais son rapport avec celle des pas de l'écrou d'en-bas n'est pas indifférent, & c'est, comme on le verra dans la description suivante, leur combinaison qui fait descendre & monter plus ou moins la platine. Un des soins les plus indispensables à prendre dans la construction d'une Presse, & sur-tout de celle-ci, est de placer l'écrou dans son sommier sur une ligne qui lui soit parfaitement perpendiculaire ; & on s'en est assuré ici par tous les moyens possibles.

LA VIS est une pièce d'acier, cylindrique, de la même longueur que les autres, dont la tête est renforcée d'un quart ; le haut porte quatre filets carrés, inclinés dans la proportion ordinaire, pris dans la masse, taillés sur le tour, & divisés avec tant de justesse, que la vis peut entrer dans son écrou par tous les pas indifféremment : cette portion de la vis fait dans son écrou un peu plus d'un quart de révolution, & cette révolution est commune à toutes les Presses comme à la nouvelle ; elle est nécessitée & opérée par l'effet du barreau que l'Ouvrier est obligé d'aller chercher contre la jumelle, où il doit s'en retourner pour que le coffre puisse s'échapper de dessous la platine, & que le tympan & la frisquette puissent se développer : or l'Ouvrier, en amenant à lui le barreau, décrit un arc d'environ cent degrés ; & à raison de la description nécessaire de ce grand arc, la platine, obligée de suivre l'écrou d'en-bas auquel elle est attachée, subit, d'après cette hypothèse, une descente de

LA VIS est un morceau de fer forgé, de la longueur de 22 pouces, dont les pas à quatre filets carrés, de 4 pouces de hauteur, sont ordinairement brasés, c'est-à-dire rapportés sur le corps de la vis ; le bas est terminé en un pivot pointu, souvent d'une seule pièce, quelquefois tronqué vers son extrémité & se démontant à clavette, pour que son renouvellement qui arrive souvent, par les raisons détaillées ci-dessus, n'entraîne pas celui de toute la vis, & n'expose pas l'Ouvrier à l'entière suspension de son travail : c'est ce point, qui n'a pas une demi-ligne d'étendue, qui est destiné à comprimer dans son centre une surface d'environ 17 pouces de long sur 12 pouces de large. A la tête de la vis est quelquefois adaptée par un collet qui l'entoure, une traverse de fer portant à chaque extrémité un T, par les branches duquel passent les crampons, chaînes ou cordes qui servent à maintenir la platine dans sa descente, & à la remonter après la pression. C'est uniquement en ce point,

NOUVELLE PRESSE.

quatorze lignes, *première donnée*. Mais on avoit auffi une *autre donnée* diamétralement oppofée ; c'étoit de reftreindre à une bien moindre étendue , & de déterminer, à peu de chofe près, la defcente de la platine à celle néceffaire pour preffer fuffifamment. Car moins la courfe de la platine peut avoir d'étendue , moins elle doit éprouver de variation. Sans ce motif, il eût été encore poffible de laiffer à la platine toute la révolution que l'inclinaifon des pas de vis eût pu lui donner. On auroit aifément trouvé le moyen , comme dans les autres Preffes , de remédier au trop de foulage par la plus grande élafticité du fommier , où fe feroit perdu l'excédent de la defcente de la platine. Celle-ci n'étant éloignée de deffus la forme, avant la preffion , que de quatorze lignes , les garnitures du tympan ont une épaiffeur que la preffion peut diminuer , mais ne peut jamais anéantir : il faut donc que l'excédent de la defcente de la vis, opérée par la courfe du barreau, fur l'efpace compris entre la platine & la forme, eu égard à l'épaiffeur irréductible des étoffes , fe diftribue quelque part ; ce qui fe fait par la liberté limitée qu'on laiffe au fommier de remonter.

Pour accorder des données auffi oppofées , on a imaginé de conftruire une vis qui eût, dans fa partie inférieure , des pas comme en haut , inclinés de manière que lorfque la vis defcend de dix lignes, la platine ne defcende que d'un peu plus de trois lignes ; alors toute la defcente fixée à la platine , tourne à volonté , à très-peu de chofe près, au profit de la preffion. Il réfulte donc de l'inclinaifon des pas d'en-bas , combinée avec

ANCIENNES PRESSES.

dans l'attache de la platine , qu'a varié jufqu'à préfent la conftruction de la Preffe ; mais tous ces moyens peuvent être regardés comme vicieux , aucun ne tendant à defcendre la platine fans variation & à la remonter de même.

l'inclinaifon

NOUVELLE PRESSE.   ANCIENNES PRESSES.

l'inclinaison de ceux d'en-haut , que les
deux tiers de la defcente produite par la
révolution des pas d'en-haut font détruits
par ceux d'en-bas ; & c'eft-là ce qui a
le plus long-temps contrarié les efforts
de l'Inventeur de cette Preffe.

La preffion s'opère par les pas d'en-bas
de la vis fur ceux de l'écrou , & c'eft ,
comme on le verra dans la defcription
de l'article fuivant , le feul principe de
la Preffe à un coup.

Chaque bout de la vis porte un pivot
de 15 lignes de long , l'un defquels entre
par en-haut dans la plaque de cuivre
qui furmonte le fommier , & l'autre eft
engagé dans une chambre pratiquée au
centre de la platine , & n'eft pas affez
long pour toucher au fond lorfque la
vis eft au bout de fa révolution.

L'ÉCROU D'EN-BAS. Cet écrou eft un
morceau de cuivre de la même efpèce
que celui d'en-haut , & dont les pas
ont été taraudés par le même procédé ;
fa forme extérieure préfente quatre faces
exactement carrées & polies ; il eft terminé par une bafe de huit pouces fix
lignes en carré ; aux quatre coins de
laquelle la platine eft attachée par de
fortes vis : on a donc une preffion produite par une furface de plus d'un demi-
pied carré au lieu d'un feul point. La
preffion s'opérant par les pas de la vis ,
celle-ci entraîne avec elle en defcendant
& ramène en montant fon écrou d'en-
bas , & par conféquent la platine qui
y eft attachée : pendant cette révolution ,
qui eft déterminée à quatre lignes &
demie & n'excède jamais trois lignes ,
les quatre faces extérieures de l'écrou

D

qui fuit ce mouvement, touchent dans tous leurs points celles de la boîte d'acier renfermée dans la moife. Ces frottemens & contacts ont été préparés & difpofés en même temps que ceux du fommier, par de l'émeri fin, de la ponce pilée, & enfin du rouge d'Angleterre.

Il eft abfolument néceffaire que la furface de deffous de l'écrou qui porte fur la platine, offre un plan exactement parallèle à celui de la platine fur laquelle il pofe.

LA MOISE eft une tablette de bois de l'épaiffeur de 2 pouces 7 lignes, & placée à 2 pouces ½ au-deffus de la platine; cette tablette, brifée en deux parties, fe réunit en une par le moyen de quatre boulons; dans fon milieu eft pratiquée une ouverture pour le paffage de l'écrou d'en-bas, & cette ouverture eft une boîte d'acier de la même épaiffeur que la moife; cette boîte eft de même brifée en deux, d'angle en angle : chaque partie porte des deux côtés une oreille ou prolongement, que traverfe de chaque côté un des quatre boulons : toutes fes furfaces difpofées carrément avec le plus grand foin, ont été, comme on l'a vu ci-deffus, rodées & ufées contre celles de l'écrou. Cette tablette, qui porte le nom de *moife* lorfqu'elle réunit fa boîte d'acier, contribue uniquement à affurer l'invariabilité de la platine; chaque bout embraffe les jumelles par un fort mentonnet, & fes deux parties font forcées & contraintes en en-bas, dans les mortoifes des jumelles, par une double clé de bois; il eft donc impoffible que cette pièce, ainfi affujettie

LA MOISE ou TABLETTE eft une planche quelquefois d'une feule pièce, ordinairement divifée en deux parties qui fe joignent enfemble; elle eft attachée aux jumelles par deux mortoifes en queue d'aronde : fon ufage paroît être deftiné à maintenir la pofition verticale de la vis dans la boîte qui traverfe cette pièce; mais cet objet eft manqué, & la conftruction même de la Preffe s'oppofe à ce qu'il foit rempli.

NOUVELLE PRESSE.

dans les deux fens oppofés, laiffe à l'é-crou d'autre mouvement que celui qui fe fait dans le fens vertical : c'eft-là la propriété effentielle de cette pièce importante, qui affure la fituation per-pendiculaire de la vis, & donne en même-temps à la platine une invariabilité inconnue jufqu'à préfent.

LA PLATINE, de cuivre fondu, porte 23 pouces de long fur 19 pouces de large ; elle préfente quatre faces dif-pofées en talus ; la furface de deffus eft la même que la bafe de l'écrou, & eft exactement recouverte par cette pièce : fon épaiffeur, au centre, eft de 19 lignes, & fur les extrémités de 9 lignes ½. On a vu ci-deffus quelle étoit fa révolu-tion, qu'elle ne faifoit que celle qui eft néceffaire pour opérer une preffion fuffi-fante, & feulement aux dépens des garnitures du tympan : fon invariabilité abfolue eft un des plus grands points de difficulté vaincue, que la conftruction de cet inftrument puiffe préfenter.

LE MARBRE eft une plate-forme de cuivre dur, de l'épaiffeur de 9 lignes, portant 18 pouces de large fur 22 pou-ces ½ de long ; il eft enchâffé dans un châffis de fer avec lequel il a été corroyé de manière que leurs deux furfaces, par-faitement dreffées & unies, n'en font qu'une. On a pratiqué, à moitié de fon épaiffeur, une feuillure de 4 lignes de large, fur laquelle il porte dans le châffis, ce qui l'empêche de taffer

ANCIENNES PRESSES.

LA PLATINE étoit anciennement en bois, mais maintenant l'ufage paroît avoir prévalu de la faire de cuivre ; fa dimen-fion la plus ordinaire eft de 17 pouces de long fur 12 de large : fon épaiffeur eft communément de deux pouces, fon centre eft déterminé par une grenouillère on morceau de fer trempé, incrufté dans fa maffe, & fur laquelle le pivot de la vis defcend & opère la preffion. La manière dont elle eft attachée à la vis a quelquefois varié : il y a toujours aux quatre coins de cette pièce un fort crampon, où paffoient autrefois des cordes qui alloient fe rattacher au bas de la boîte qui enferme la vis ; mainte-nant ce font des anneaux en *S*, dont l'un paffe dans les crampons de la pla-tine, & les autres traverfent la tablette.

LE MARBRE eft quelquefois une planche épaiffe, mais le plus ordinai-rement une dalle de pierre de l'épaiffeur de 2 pouces ½, portant fur un fond de bois, & encadrée dans fon châffis auffi en bois : cette pierre, qui n'eft jamais d'une épaiffeur parfaitement égale, eft calée dans fon coffre, avec du fon, pour en remplir, autant qu'il eft poffible, les porte-à-faux ; mais fi l'on parvient à établir pour quelque temps cette pièce

Nouvelle Presse.

au deſſous de la ſurface du châſſis, & de céder ſous l'effort de la preſſion.

Le ſommier étant ſuppoſé de niveau, la vis perpendiculaire, la platine auſſi de niveau & immobile, la preſſion ſeroit encore infidelle, ſi la baſe ſur laquelle elle s'opère pouvoit céder à ſes efforts, & ſi elle ne préſentoit pas une ſurface unie & un plan parallèle aux autres pièces.

Le Châſſis, Coffre & Train, eſt compoſé d'un châſſis de fer de 2 pouces de large, à fleur duquel eſt le marbre, & qui ne forme avec celui-ci qu'une ſeule & même ſurface. Aux quatre coins ſont adaptées comme aux autres les quatre cornières : & ſur la partie de derrière, dans le prolongement de toute la largeur du châſſis, eſt appliquée la moitié de la charnière du grand tympan, qui y eſt attachée par cinq boulons : les trous ovales qui y ſont pratiqués, laiſſent la liberté à l'Ouvrier de la remonter ou deſcendre de 3 lignes. On a ménagé dans l'épaiſſeur de l'intérieur de ce châſſis, une feuillure de même profondeur que

Anciennes Presses.

de niveau, l'effort de la preſſion le lui fait bientôt perdre ; les corps qui ont été introduits deſſous ſe taſſent promptement ; le marbre, quelque épais qu'il ſoit, caſſe, & ſouvent on le laiſſe ſubſiſter dans cet état. Quelque dure que ſoit cette pierre, quelque fin que ſoit ſon grain, l'eau qui la mine, les coups de marteau qu'elle reçoit, le poids des châſſis que l'on y poſe toujours ſans précaution ſur les angles, ont bientôt tellement dégradé ſa ſurface, que les caractères qui y ſont poſés, ſe prêtent eux-mêmes à ſon irrégularité ; alors les ſupports, les hauſſes, remèdes néceſſaires mais auſſi vicieux que le mal, ſont la reſſource de l'Ouvrier.

On a cherché quelquefois à éviter un de ces inconvéniens, en appliquant ſur un marbre de bois une feuille de cuivre, qui n'ayant pas aſſez d'épaiſſeur, & portant elle-même ſur une baſe infidelle, n'a pas produit de meilleurs effets.

Le Châſſis ou Coffre & Train, eſt un cadre de bois auquel eſt adapté un fond dans lequel eſt encaiſſé le marbre ; les quatre coins ſont armés de quatre cornières ou cantonnières en fer qui y ſont attachées par des vis, & dont l'uſage eſt d'aſſujettir avec des coins de bois la forme qui contient les caractères ; c'eſt-là le *coffre* proprement dit : il porte par derrière un prolongement ſur lequel eſt monté le chevalet qui ſupporte le tympan. Au deſſous du coffre ſont adaptés huit, quelquefois dix crampons de cuivre, diſpoſés ſur deux lignes parallèles, qui ſervent à le faire gliſſer ſur deux tringles de fer poli en dos d'âne. Les crampons,

NOUVELLE PRESSE.

celle du marbre, pour le recevoir. Cette pièce, ainsi conftruite, peut prendre le nom de *coffre*, puifqu'elle en fait les fonctions ; elle ne porte point avec elle le chevalet du tympan, qui eft attaché à demeure fur le train, comme on le verra ci-après.

On a adapté au châffis trois bandes de cuivre récroui ; chacune defquelles eft évidée dans toute fa longueur, à la réferve de trois parties angulaires de neuf lignes de long ; ce qui fait neuf points de frottement, qui gliffent dans trois barres d'acier qui ont la même forme en creux, mais de manière que les frottemens ne s'opèrent que dans le fond & nullement fur les parties latérales. Aux deux bouts du châffis, devant & derrière, on a ajouté un cylindre à encliquetage, dont l'ufage eft de tendre les cordes qui mènent & ramènent le train, & de régler la pofition de la manivelle. Le châffis, ainfi garni du marbre, des tringles & du rouleau, prend le nom de *train* de la Preffe.

LE GRAND TYMPAN eft compofé d'un châffis de bois, comme les tympans ordinaires, mais non recouvert de parchemin ; fa traverfe d'en-bas, néceffairement étroite, au lieu d'être en bois, eft de cuivre pour lui donner plus de folidité, & deffus eft appliquée l'autre partie de la charnière, qui y eft liée par cinq boulons qui les traverfent toutes deux : la charnière porte à chaque bout deux oreilles de huit pouces de long, qui s'appliquent à fleur du châffis, & y font auffi liées chacune par trois autres boulons à oreilles. Sur ce châffis de bois on applique un cadre de fer ou même

ANCIENNES PRESSES.

d'une épaiffeur & d'un degré de dureté toujours différens, ne portent prefque jamais enfemble fur les tringles, ou bien ceffent bientôt d'y frotter à mefure qu'ils s'ufent. Le coffre, ainfi chargé de fon marbre, muni de fon chevalet & garni de fes crampons, retient le nom de *train* ; il gliffe affez légèrement fur fon berceau, ce que l'on ne peut attribuer qu'à l'extrême légèreté du coffre, dont la matière & la conftruction, en foulageant l'Ouvrier, tournent au détriment de l'ouvrage. Les deux cornières de derrière portent une des parties des deux couplets ou charnières du tympan, & ne forment avec chaque couplet qu'une feule & même pièce ; en forte que la hauteur fur l'œil de la lettre, prife au derrière du tympan, une fois déterminée, ne peut plus changer à la volonté de l'Ouvrier, & ces couplets entraînent fouvent la deftruction des cornières & même du châffis, fi elles fe caffent ou qu'on veuille y changer quelque chofe.

LE GRAND TYMPAN eft un châffis de bois qui porte à fa traverfe d'en-bas les deux autres parties de couplets ou charnières, qui fe réuniffent aux premières par une groffe goupille ou boulon : fa traverfe d'en-haut eft une bande de fer où eft attachée une des parties des couplets de la frifquette. Ce cadre, revêtu d'une peau de parchemin, fert à recevoir en dehors la feuille de papier qui va être imprimée ; & en dedans on introduit des étoffes pour garantir l'œil de la dureté du foulage, & qui font maintenues en leur place par le *petit tympan.*

NOUVELLE PRESSE.

d'acier, de l'épaiſſeur d'une friſquette, & dont les quatre traverſes, qui ont 16 lignes de large, ſont percées tout au tour de quinze trous, pour recevoir autant de boulons qui paſſent au travers du châſſis de bois, & l'y rendent adhérent de manière à ne leur faire faire enſemble qu'un ſeul & même corps : pour ne pas trop multiplier les boulons, ceux qui attachent la charnière, & ceux des pointures, ſont partie des quinze boulons qui attachent le cadre dans tout ſon pourtour. Ce cadre, collé en vélin le plus beau & le plus uni, de la même manière qu'une friſquette, a été imaginé pour remédier aux inconvéniens qui réſultent des autres tympans : il eſt auſſi multiplié pour chaque Preſſe que le nombre des friſquettes, & lorſque le foulage, trop fort ou différent, peut cauſer quelque dommage à l'impreſſion, on ſubſtitue un autre cadre ou *faux-tympan* à l'ancien.

LE PETIT TYMPAN eſt un châſſis de fer abſolument pareil aux autres, & qui n'en diffère qu'en ce qu'il entre, par ſix queues d'aronde, dans le châſſis du grand tympan, & qu'étant aſſujetti par autant d'eſtoquiaux diſpoſés dans tout ſon pourtour, il comprime auſſi les étoffes plus également.

ANCIENNES PRESSES.

Le tympan, ainſi couvert de parchemin, reſte revêtu de la même peau juſqu'à ce que la vétuſté la faſſe ſupprimer ; mais cette pratique eſt vicieuſe, en ce que ce même tympan ſervant pour des ouvrages de toutes ſortes de formats, les pages & les lettres y ſont bientôt une telle impreſſion, que l'on eſt obligé de temps en temps, & ſur-tout à chaque changement de forme, pour en faire diſparoître ce que les Ouvriers appellent le *foulage*, de l'humecter juſqu'à ce que le parchemin redevienne uni ; mais le parchemin à qui il faut faire contracter une très-forte humidité, la retient long-temps, & la communiquant de même au papier, lui fait recevoir une teinte d'encre trop forte, & diſproportionnée à celle de la veille où le tympan étoit ſec. C'eſt une des principales cauſes de l'inégalité dans la teinte des feuilles.

LE PETIT TYMPAN eſt un petit châſſis de fer, recouvert d'un côté d'une feuille de parchemin, & deſtiné à comprimer les étoffes renfermées dans l'épaiſſeur du cadre du grand tympan, pour que le coffre puiſſe rouler & dérouler ſous la platine, ſans craindre de les déranger. Cette compreſſion ſe fait ſur la largeur en trois points ſeulement, dont deux en-devant ſous la tringle de fer du grand tympan, & un ſous l'eſtoquiau ſur la partie oppoſée du petit tympan ; auſſi il réſulte de là que les étoffes n'étant pas comprimées dans leur largeur, bourſouflent & produiſent néceſſairement dans cette partie une épaiſſeur différente,

NOUVELLE PRESSE.

LA FRISQUETTE est un cadre de quatre bandes d'acier, d'une épaisseur parfaitement égale, & ayant les mêmes longueur & largeur que le grand tympan; les deux parties de ses couplets sont faites avec tant de justesse, qu'elle n'éprouve pas le moindre vacillement : elle est collée comme les autres avec deux feuilles de papier, entre lesquelles on a introduit un carton mince qui lui donne l'épaisseur de ses bandes, pour que cette épaisseur, combinée avec la hauteur des garnitures de la forme, remplisse, à peu de chose près, le vide que produit la saillie des caractères. On a eu soin de rendre cette saillie uniforme, en réduisant à une hauteur égale les garnitures, espaces & cadrats employés pour les blancs; par ce moyen, tout ce qui est vide est rempli pendant la pression, & ce qui est plus élevé, est soutenu assez mollement pour donner lieu à tout le foulage qu'on peut désirer.

Le nombre des frisquettes est assez multiplié pour pouvoir en changer à chaque ouvrage & même à chaque forme, lorsqu'elle diffère trop de la précédente.

LA CHARNIÈRE, de 23 pouces de long sur 15 lignes de diamètre, est absolument cylindrique : cette pièce, toute d'acier, occupe toute la largeur du coffre & du tympan ; elle a été forée dans la masse comme un canon de fusil, & tous les charnons, au nombre de 19, en ont été divisés avec le plus grand soin : la partie d'en-haut porte de chaque côté un retour d'équerre de 8 pouces de long, par lequel elle est attachée au cadre du tympan & à sa traverse de cuivre,

ANCIENNES PRESSES.

LA FRISQUETTE est un cadre de quatre bandes de fer, de la largeur du grand tympan, & d'une grandeur indéterminée, portant à la bande d'en-bas l'autre partie de ses couplets, qui s'assemble avec celle qui est attachée à la pièce précédente : cette frisquette, d'une épaisseur peu exacte, est collée de plusieurs papiers, & ne sert qu'à couvrir la feuille de papier en se repliant sur le tympan ; elle ne laisse que l'ouverture des pages de la forme qu'on veut imprimer, pour garantir de l'encre les marges du papier blanc : le vice de cette pièce consiste dans le jeu qu'elle a dans ses couplets, qui la fait vaciller sur la feuille de papier, fait frifer celle-ci sur la forme ; & dans la négligence des Ouvriers qui ne la renouvellent pas assez, & se contentent, en changeant de formats ou d'ouvrages, de recoller du papier par-dessus, ce qui produit encore sous la platine une pression inégale.

LA CHARNIÈRE OU LES COUPLETS DU TYMPAN, sont deux parties de charnières composées ordinairement chacune de cinq charnons, d'environ 15 lignes de diamètre : les deux d'en-haut sont attachées au grand tympan ; celles d'en-bas, disposées en équerre, sont tellement engagées sous les cornières ou cantonnières du coffre, que non seulement il est impossible d'en changer la hauteur une fois déterminée, mais qu'elles entraînent la destruction

Nouvelle Presse.

auxquels elle eſt unie par onze boulons à oreilles. La partie d'en-bas, appliquée ſur la traverſe de derrière du châſſis du coffre, y eſt maintenue par cinq boulons à têtes larges, qui, en aſſurant ſon invariabilité, lui laiſſe la poſſibilité de remonter ou deſcendre à volonté de trois lignes.

L'expérience réitérée pluſieurs fois, en préſence de l'Académie Royale des Sciences, d'une même feuille tirée cinq à ſix fois de ſuite, & portée depuis à vingt-cinq fois, prouve d'une manière non équivoque la ſolidité & la préciſion de cette pièce.

LE CHEVALET DU TYMPAN eſt une traverſe de fer ſoutenue par deux colonnes de pareille matière, & qui portent à plomb ſur les deux colonnes du berceau : cette pièce ſert, comme dans les autres Preſſes, à ſupporter le tympan développé ; elle fait partie du berceau, & ne ſuit pas le mouvement du train.

LE BERCEAU conſiſte en trois fortes barres carrées d'acier, de 11 lignes, & évidées en V de la longueur de 4 pieds ½ dans la moitié de leur épaiſſeur ; ces barres portent ſur le ſommier d'en-bas & la plaque de cuivre qui le recouvre ; elles y ſont aſſujetties par de fortes vis : l'autre moitié eſt enchâſſée dans trois traverſes, & les déſafleure de 2 lignes. Ces trois traverſes ſont elles-mêmes emmanchées d'un bout à doubles queues dans le ſommier d'en-bas, & de l'autre, dans la traverſe que ſupportent les colonnes : les trois barres d'acier ſont auſſi attachées par des vis ſur cette même

Anciennes Presses.

des cornières & même du coffre lorſqu'il faut les réparer : leurs charnons ſont ſouvent diſpoſés avec ſi peu de juſteſſe, que le tympan, en s'abaiſſant ſur la forme, & en ſe relevant, éprouve un vacillement ſenſible, & auquel il faut attribuer en grande partie le papillotage & quelquefois le doublage des caractères ſur le papier.

LE CHEVALET DU TYMPAN eſt une traverſe de bois qui aſſemble deux montans portés ſur le coffre de la Preſſe. Cette pièce ſert à ſupporter le tympan lorſqu'il eſt développé, & elle marche avec le train auquel elle eſt attachée.

LE BERCEAU n'eſt autre choſe qu'un plancher très-mince & étroit, emmanché d'un bout dans le ſommier d'en-bas, porté de l'autre ſur un pied extrêmement léger & placé à l'aplomb du chevalet du tympan : ſur ce plancher ſont poſées deux & quelquefois trois barres de fer poli, taillées en dos d'âne, & attachées à chaque bout du plancher par une vis. La conſtruction de cette pièce nuit & s'oppoſe même à la perfection de l'impreſſion, puiſqu'en ſuppoſant, comme on le verra ci-après, le ſommier d'en-bas mobile, quoique parallèle dans ſa longueur à la platine, le berceau cède ſous

traverſe,

NOUVELLE PRESSE.

traverfe. Il n'y a donc pendant la preffion aucune ceffion, puifque le berceau eft foutenu des deux bouts & au milieu en trois points immobiles. Cette pièce une fois fuppofée parallèle, ne peut donc pas ceffer de l'être.

LE SOMMIER D'EN-BAS eft une plate-forme de bois, portant deux pieds de long fur 2 pieds 9 pouces 4 lignes d'épaif-feur, emmanchée folidement à queue dans chaque jumelle : cette pièce, exac-tement parallèle à la platine, eft recou-verte d'une plaque de cuivre de 4 lignes d'épaiffeur, & préfentant une furface parfaitement unie ; elle eft attachée au fommier d'en-bas par des boulons & vis diftribués dans toute fon étendue, & fa furface eft plus grande même que le coffre lorfqu'il la recouvre.

C'eft fur cette bafe folide, fur laquelle eft établi le berceau, que s'opère la preffion, pendant laquelle il n'y a aucune efpèce de ceffion, les trois couliffes d'acier étant affujetties fur le fommier, par d'autres vis taraudées dans la plaque de cuivre.

LE CONTRE - SOMMIER eft une pièce de bois de bout de la longueur du fommier d'en-bas, & de la largeur de 5 pouces ; cette pièce placée au centre de la preffion, eft deftinée à en fupporter l'effort : elle foutient le fommier d'en-bas, & porte elle-même fur la plate-forme.

LA PLATE-FORME eft une forte pièce de bois de la même dimenfion que le fom-mier d'en-bas, & de l'épaiffeur de 4 pou-

ANCIENNES PRESSES.

la preffion par fon extrémité qui porte fur le fommier, & il ne cède pas de l'autre, qui eft fupportée fur un pied de bois de bout, comme on l'a vu ci-deffus : le berceau, pendant la preffion, ceffe donc d'être parallèle à la platine.

LE SOMMIER D'EN-BAS eft une pièce de bois encore moins forte que le fom-mier d'en-haut, fur laquelle porte le berceau ; cette pièce eft engagée dans les jumelles par fes tenons, & loin d'offrir une réfiftance abfolue à la pref-fion, elle cède d'une manière fenfible à chaque coup de barreau ; il femble même qu'on ait voulu en faciliter la ceffion, en garniffant le deffous de fes tenons de quelques corps élaftiques, comme au fommier d'en-haut ; mais cette conf-truction ne peut que tourner au grand détriment de l'impreffion : en vain s'affureroit - on par tous les moyens poffibles du parallélifme des pièces fupé-rieures avec la forme, la preffion fe fera toujours inégalement, fi la bafe fur laquelle elle s'opère ne leur eft pas parallèle ; or, la ceffion de cette pièce détruit toute idée de parallélifme.

E

<table>
<tr><td>NOUVELLE PRESSE.</td><td>ANCIENNES PRESSES.</td></tr>
</table>

ces 7 lignes ; elle s'affemble de même à queue dans chaque jumelle, elle fert à fupporter le contre-fommier, & elle eft elle-même foutenue par la pièce ci-après.

LE CONTRE-FORT eft une groffe pièce de bois de bout, de la hauteur de 9 pouces 8 lignes, placée au centre de la pièce précédente, & portant fur le plancher. Son ufage, relativement à la plate-forme, eft le même que celui du contre-fommier. Cette pièce, ainfi que la plate-forme, le contre-fommier & le fommier, font difpofées de manière qu'elles ont un centre commun à celui de la platine, & par leur contre-fil alternatif, elles offrent à la preffion une réfiftance abfolue & d'autant plus indépendante de l'effet du bois, qu'elles font toutes liées par un fort boulon qui les traverfe.

VIS DE NIVEAU. Ces vis, au nombre de fix, font placées aux quatre coins des patins des jumelles, & aux deux bouts de celui du berceau : elles ont 1 pouce 10 lignes de diamètre; leur pas, prefque horizontal & de la profondeur de 1 ligne $\frac{1}{2}$, forme dans le bois un écrou naturel ; l'effort fe fait fur une forte plaque de cuivre, dans laquelle le bout de la vis, réduit en un pivot de 8 lignes, entre librement.

L'ufage de ces vis, dont la tête eft percée de quatre trous pour pouvoir y introduire un levier, eft de niveler la Preffe, & de rétablir avec facilité le défaut de juftefle que le mouvement du plancher fur lequel elle eft affife peut lui procurer.

EXPLICATION DES FIGURES.

E 2

I, II...................... *K K*.... Plancher de l'encrier avec ses consoles.

I, III.................... *L L*.... Colonnes qui soutiennent la traverse *CC* du devant du berceau, & emmanchées dans le patin *DD*.

I, III, XII.................... *M M*.... Colonne qui soutient la traverse *II*, où sont assemblées les traverses *EE*, pour les soutenir dans leur milieu, & qui s'emmanche, *fig. XII*, dans la pièce *AA*, *BB*.

I, II, V, X.................. *N N*.... Traverse qui assemble par-devant les patins des jumelles.....

V, XI...................... *O O*.... Traverse qui assemble par-derrière les patins des jumelles; dans la *fig. V*, on ne voit que la place de l'assemblage.

XVI, XIX.................. *P P*.... Écrou d'en haut avec ses deux boulons *n*, & sa plaque portant le godet *G*, dans lequel est vissé le bout d'en-haut de la vis.

I........................... *Q Q*.... Encrier avec sa molette ou broyon.

I, III, XXXI............... *R R*.... Charnière du grand tympan, & désassemblée dans la *fig. XXXI*; avec sa goupille *f*.

I, II, III, XIII............... *S S*.... Chapiteau qui couronne & qui assemble les jumelles; vu en dessous, *fig. XIII*.

XX........................ *T T*.... Pas d'en-haut de la vis.

XX........................ *U U*.... Pas d'en-bas de la même vis.

IV........................ *X X*.... Faux tympan qui s'applique sur le grand tympan *X*, & qui y est lié par 15 boulons.

I, III...................... *a*....... Plaque de fer verni, appliquée sur une des jumelles pour la préserver du contact des balles.

XVII, XVIII...................... *q*......... Clés de bois qui assemblent les deux
pièces du sommier ; & leurs
mortoises , *fig. XVII.*

II, XV, XVI, XVII, XVIII...... *r*....... Boulons qui lient les deux parties
du sommier , & dont on voit le
passage , *fig. XVII & XVIII.*

I, II, XXIV, XXV, XXVI........ *r**...... Boulons qui assemblent les deux parties de la moise ; leur passage est
indiqué , *fig. XXV & XXVI.*

XXXI............................. *s*....... Goupille de la charnière du tympan.

I, III............................. *t*......... Oreilles appliquées sur les traverses
du berceau pour soutenir l'arbre
du rouleau.

XXVIII, XXIX, XXX........... *u*....... Tringles de cuivre attachées sous le
châssis *S*, évidées en *x*, & aux-
quelles on a conservé trois parties
saillantes *y*, pour servir à les faire
glisser dans les coulisses d'acier *z*.

VI............................. *z*....... Coulisses d'acier faisant partie du
berceau , & enchâssées dans les
traverses *EE* , dans lesquelles
glissent les parties saillantes *y* des
tringles de cuivre *u*.

I, II, III......................... *a a*....... Equerres de cuivre qui contribuent
à maintenir l'assemblage des ju-
melles.

I, II, III......................... *b b*...... Forts boulons à tête carrée, qui
lient chaque jumelle à la plate-
forme *FF**.

I, III............................ *c c*...... Boulons qui lient chaque jumelle
avec le contre-sommier *HH*.

I, III............................ *d d*..... Boulons qui lient chaque jumelle
avec les patins.

VII............................. *e e*...... Passage d'un grand boulon qui ne
se voit pas, & qui lie ensemble
les pièces *II*, *HH*, *FF*.

F I N.

Ch.e Haussard Sculp.

Planche 1.re
Fig. 1

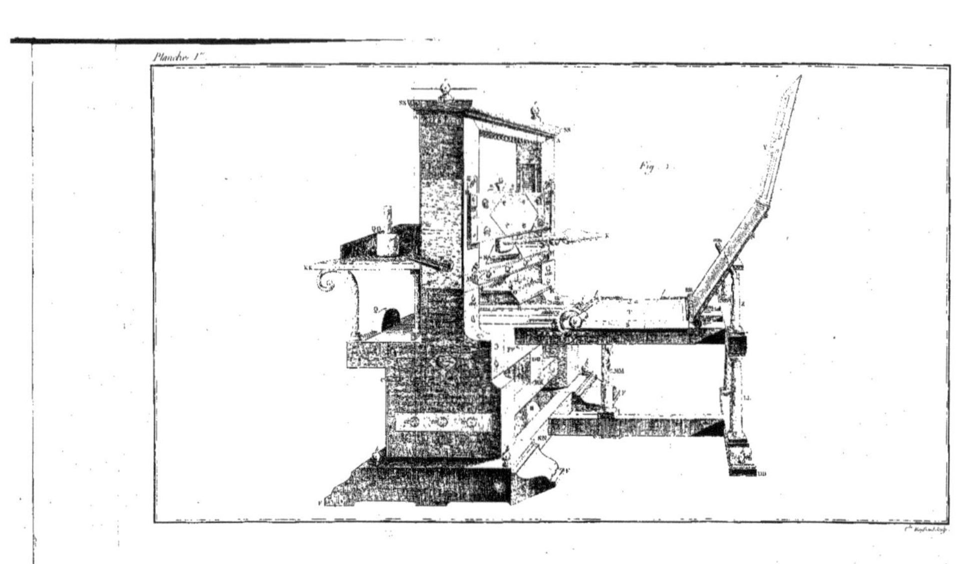

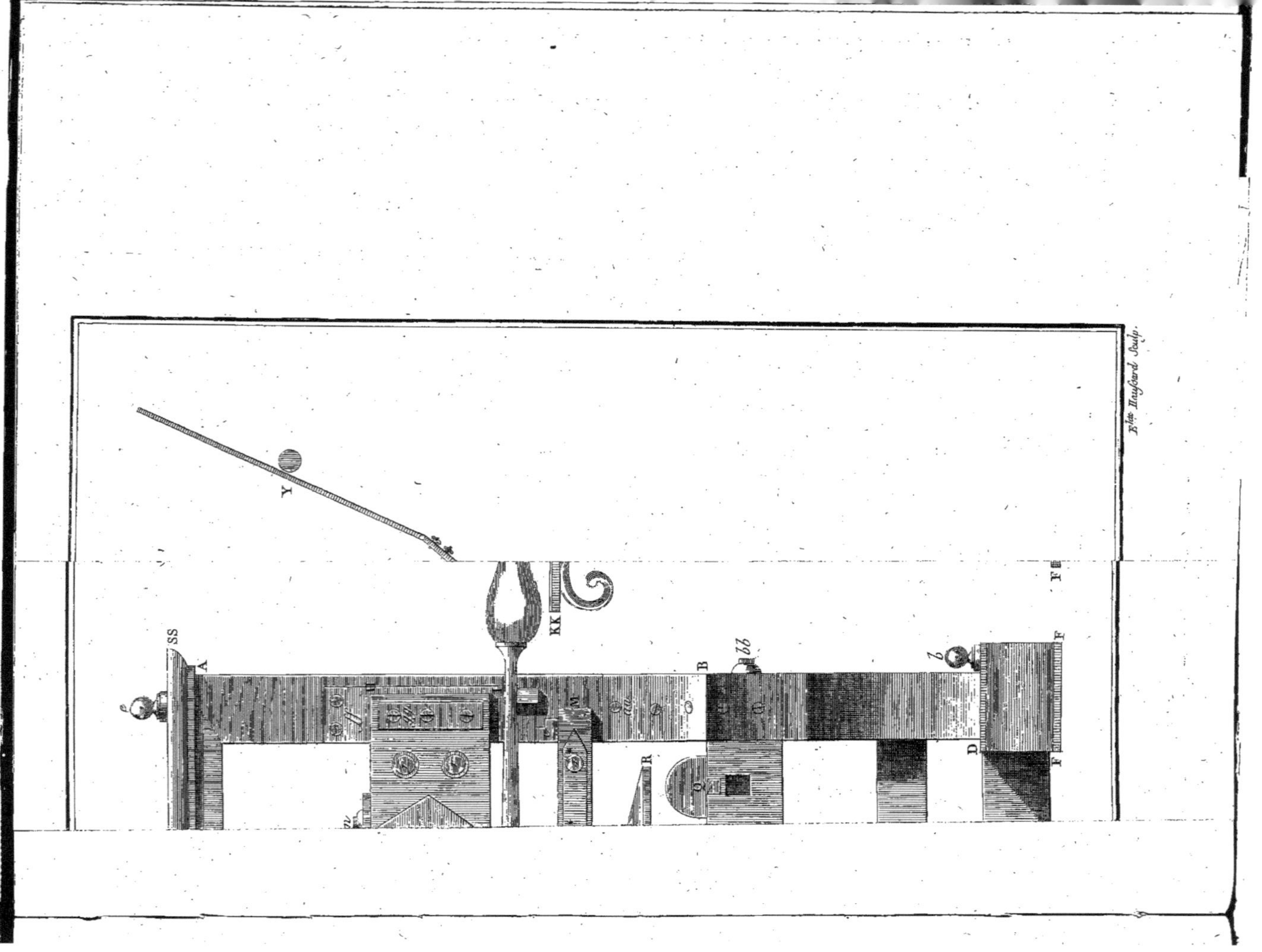

F.^{tte} Hauſſard Sculp.

Planche 2.me
Fig. II.
Fig. III.
Fig. IV.
XX

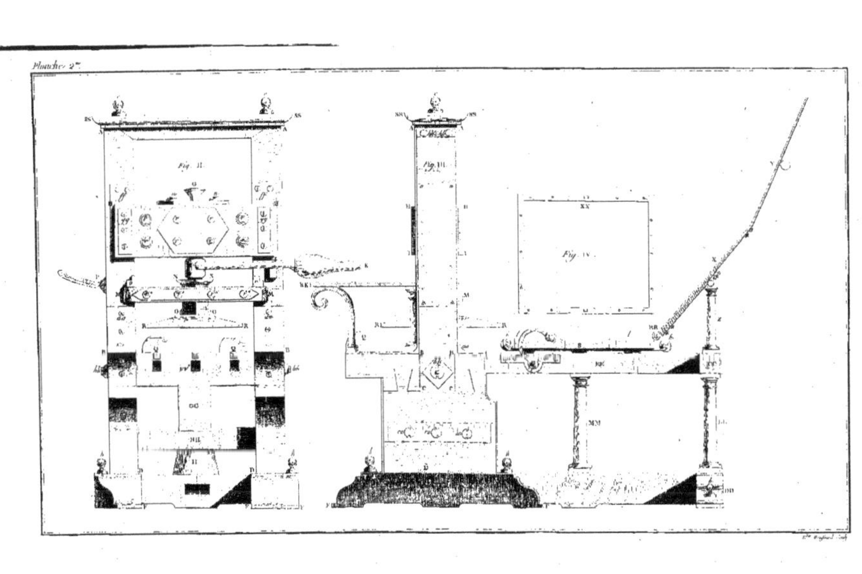

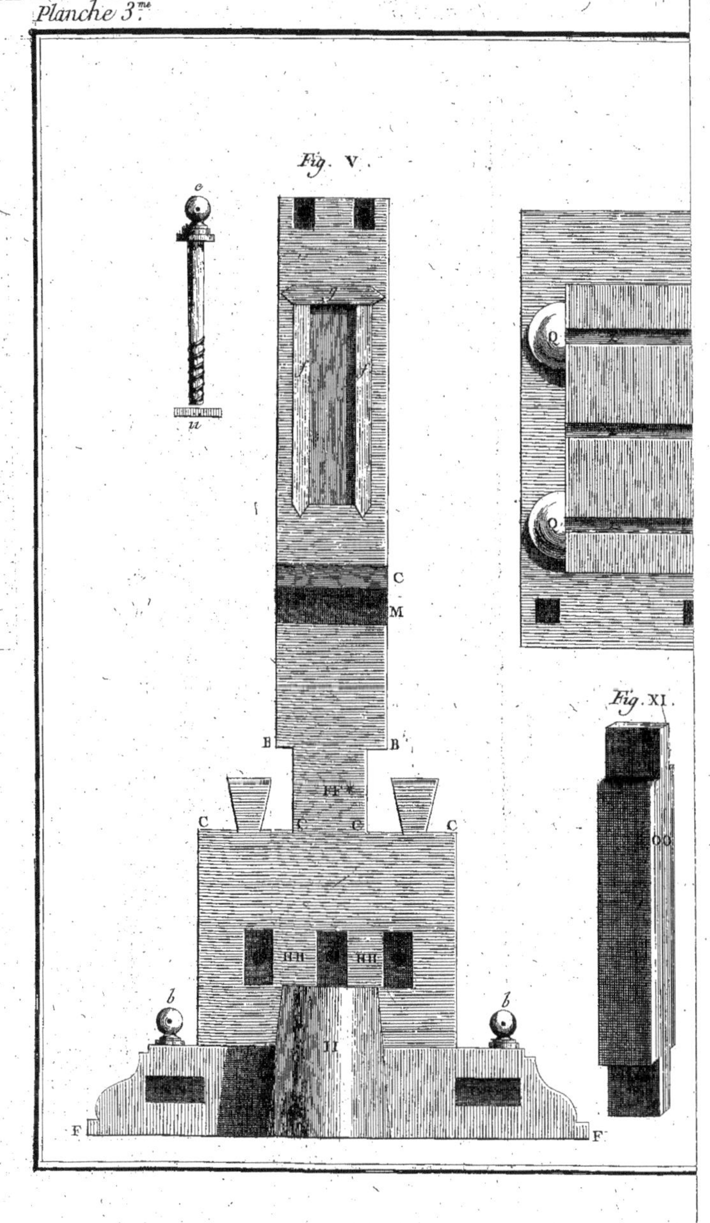
Fig. V.
Fig. XI.

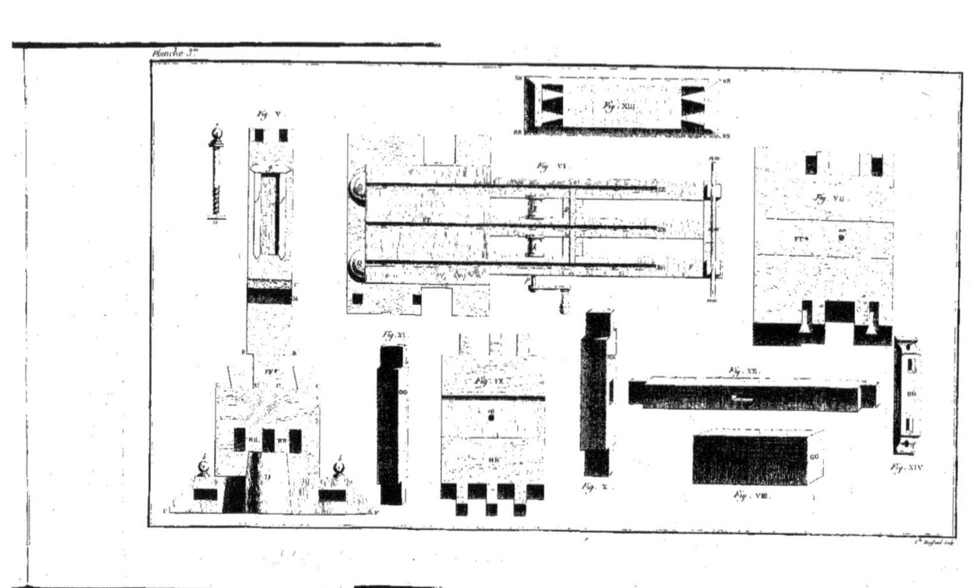

Planche 3.
Fig. V.
Fig. VI.
Fig. VII.
Fig. VIII.
Fig. IX.
Fig. X.
Fig. XI.
Fig. XII.
Fig. XIII.
Fig. XIV.

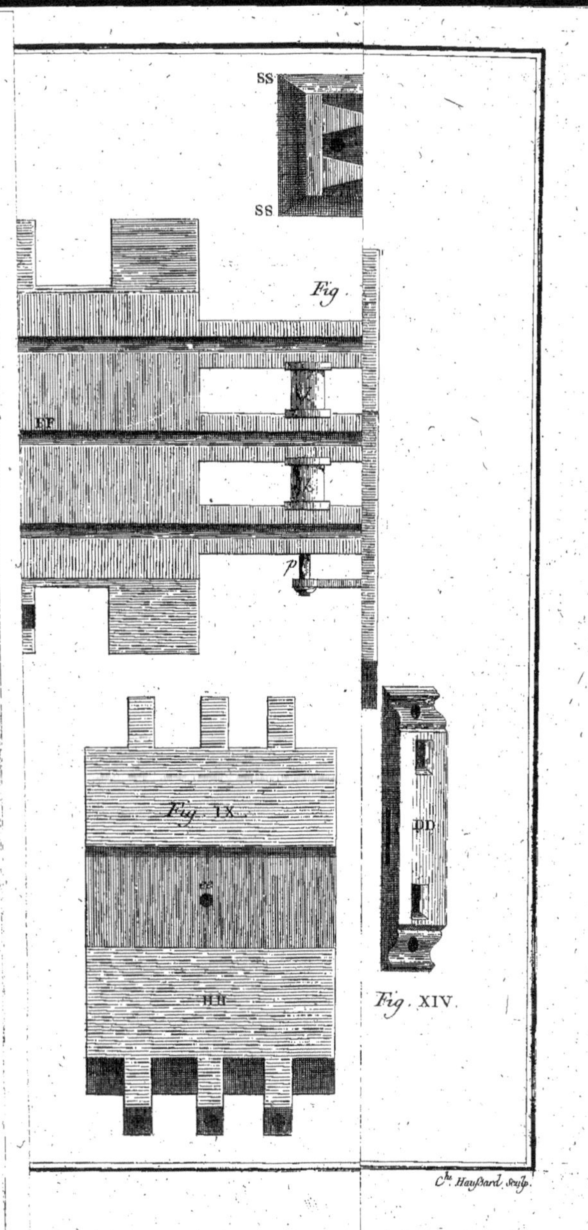

SS
SS
Fig
EF
P
Fig. IX.
HH
DD
Fig. XIV.

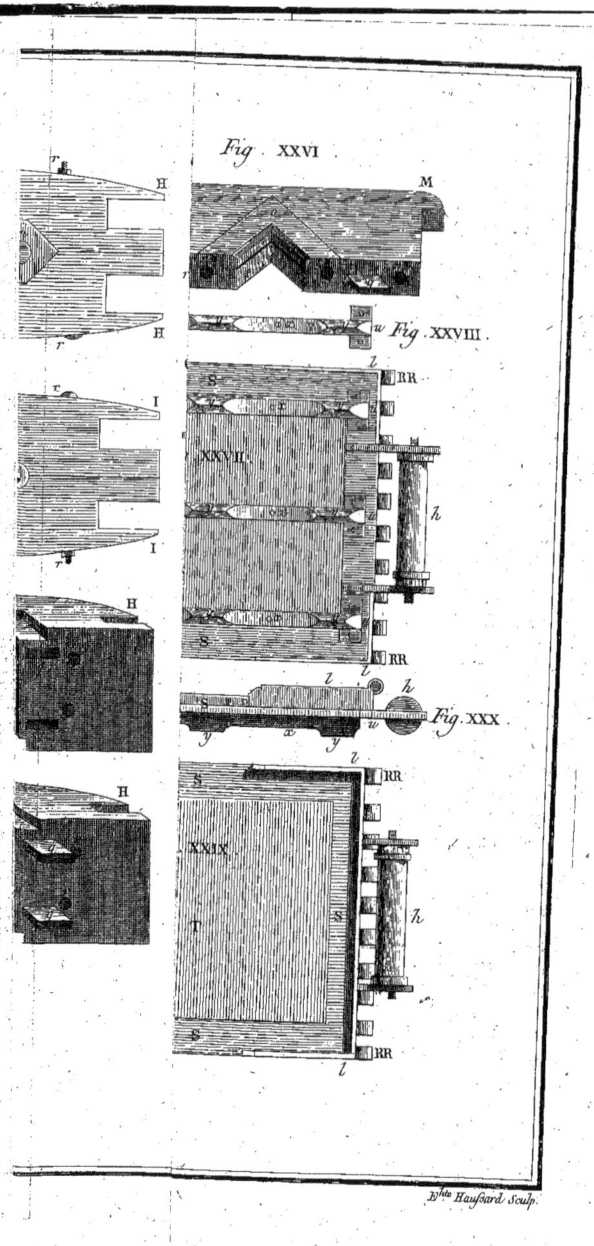

Fig. XXVI
Fig. XXVIII
Fig. XXX
XXVII
XXIX
Benard Haußard Sculp.

Planche 4.

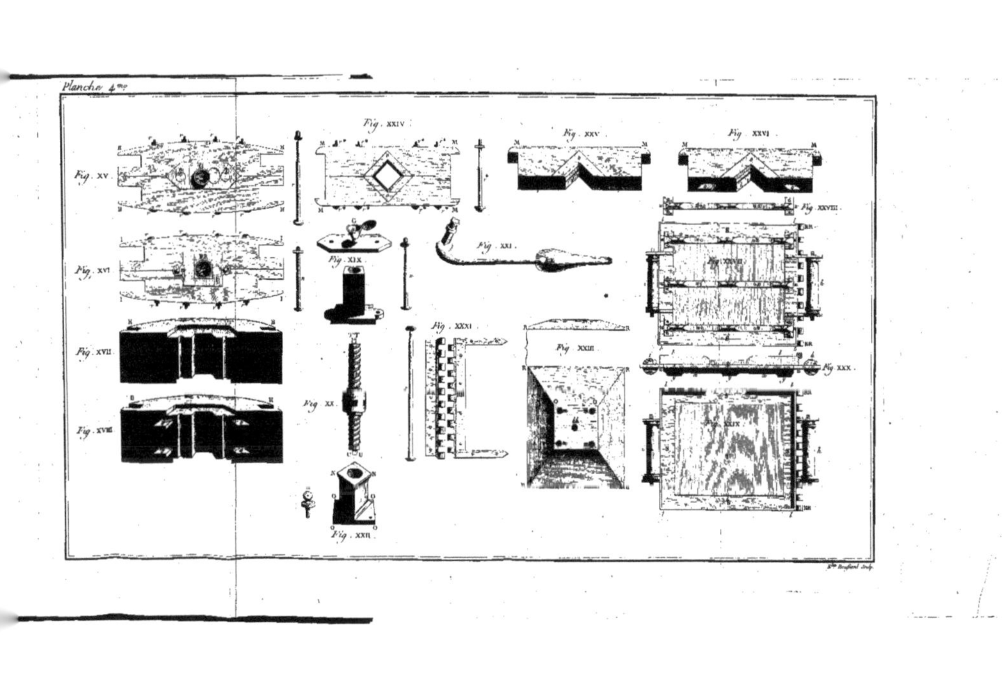
Fig. XV.
Fig. XVI.
Fig. XVII.
Fig. XVIII.
Fig. XIX.
Fig. XX.
Fig. XXII.
Fig. XXIV.
Fig. XXI.
Fig. XXXI.
Fig. XXIII.
Fig. XXV.
Fig. XXVI.
Fig. XXVIII.
Fig. XXX.

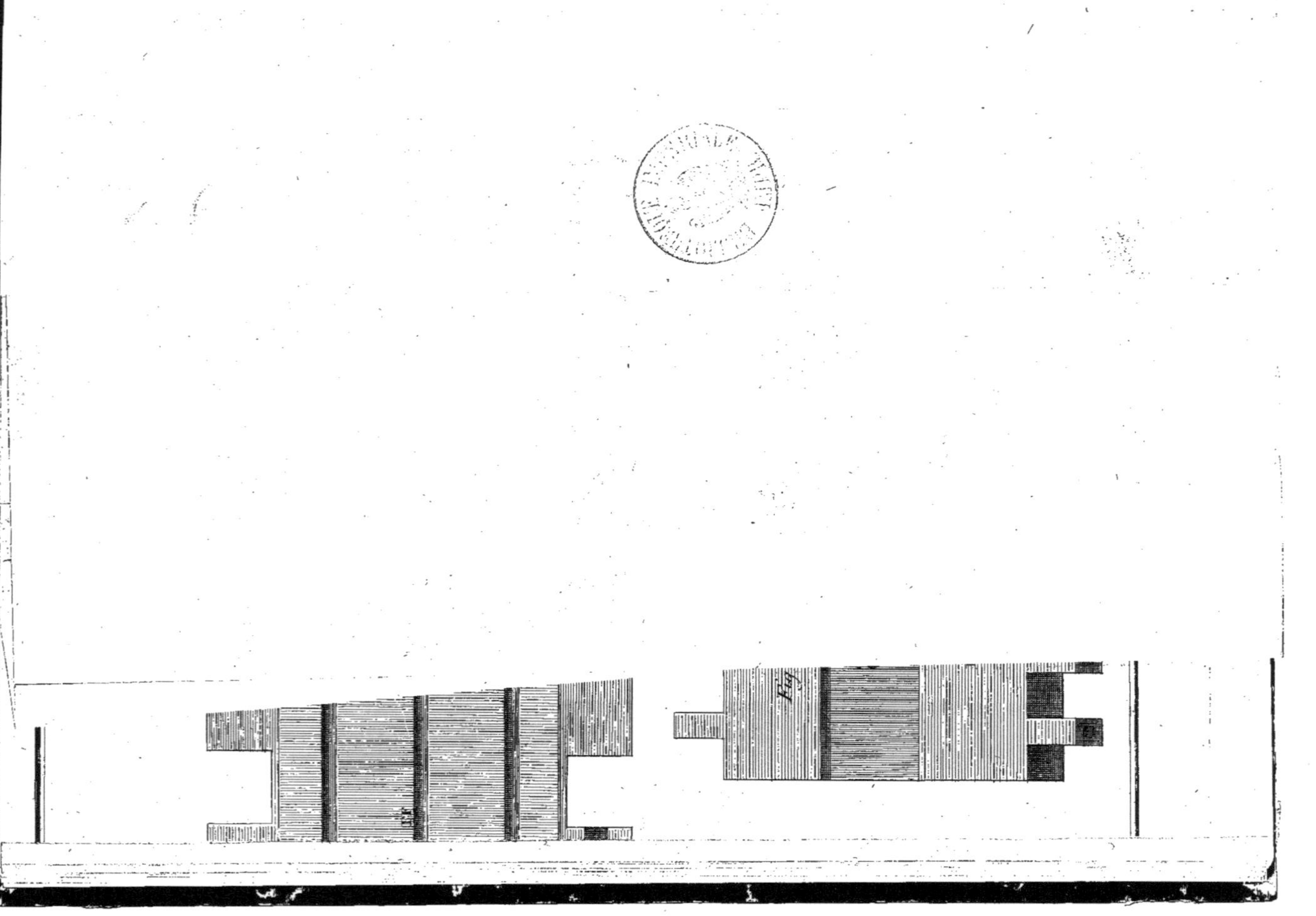
Fig